NORA BEYER

DAS RAD des Lebens

Von Glücksmomenten bis Pannenpech:
Geschichten über das schönste Hobby der Welt

Besorg dir ein Fahrrad.
Wenn du lebst, wirst du
es nicht bereuen.

MARK TWAIN

Oh ja. Du wirst hinfallen. Wenn du als Kind die ersten schlingernden Meter mit deinem brandneuen Fahrrad machst. Später, als Erwachsener, wirst du dich verfahren und unzählige Platten haben. Du wirst im Regen fluchen und im Gegenwind ächzen. Aber du wirst auch an Sonnenblumenfeldern vorbeisausen. Du wirst den Herbstwind im Haar spüren. Du wirst bergab jauchzen vor Freude und die Welt da draußen ganz neu entdecken - auf zwei Rädern. Du wirst die einmalige Freiheit erleben, die es bedeutet, Rad zu fahren. Lenker fest? Fuß auf dem Pedal? Dann komm mit auf die Reise!

Das Rad neu erfinden – wie alles begann

Eigentlich sieht es aus wie ein Brett auf zwei Rädern. Das erste Fahrrad. Korrekt genannt: die „Laufmaschine“. Erfunden wird das Ur-Fahrrad 1817 vom badischen Forstbeamten Karl von Drais. Angeblich in einem „Geistesblitz“, der ihm kam, als er ans Schlittschuhfahren denkt. Zwar gibt es schon ein Jahrhundert vorher Laufräder und Zeugnisse radartiger Gebilde reichen teilweise zurück bis in die Antike. Aber Drais' Verdienst ist es, seiner Laufmaschine eine Lenkvorrichtung hinzuzufügen. Bis zum Rad, wie wir es heute kennen, ist es da aber noch ein weiter Weg.

Der Tretkurbelantrieb kommt erst in den 1860er-Jahren dazu und die Erfindung des Luftreifens dauert bis 1888. Um seine Erfindung populär zu machen, veranstaltet Drais öffentliche Gruppenausfahrten – quasi als Urvater der modernen Critical-Mass-Fahrraddemos.

Drais' eigene Jungfernfahrradfahrt findet am 12. Juni 1817 statt. Er fährt von Mannheim zum Schwetzinger Relaishaus und zurück. Ganze vierzehn Kilometer, die er mit Geschwindigkeiten von 13–15 km/h in etwa einer Stunde bewältigt. Das ist für damalige Verhältnisse schon ziemlich rasant. Und: Das Rad hat bereits Platz für Packtaschen vorne und einen optionalen Gepäckträger hinten. Damit steht der Radreise nichts mehr im Wege – die Drais dann auch begeistert unternimmt. Leider nimmt sie für ihn kein gutes Ende.

Nach einer Wirtshausschlägerei mit einem Engländer gilt der Erfinder als gesellschaftlich geächtet, wovon er sich sein ganzes Leben nicht mehr erholen kann.

In guter Gesellschaft

Berühmte Radfahrerinnen

Tillie Anderson (1875-1965)

Das Rad-Aschenputtel. Matilda „Tillie" Anderson Sjöberg kommt 1875 in ärmsten Verhältnissen in Schweden zur Welt und wandert 1891 in die USA aus. Radfahren gilt für Frauen zu dieser Zeit als maximal unschicklich. Anderson ist das egal. Sie spart auf ihr eigenes Rad, trainiert hart, näht sich eigene Radklamotten und gewinnt ihr erstes Rennen direkt mit einer neuen Rekordzeit. Ihre Rennbilanz ist legendär: Sie startet bei 130 Radrennen und gewinnt nur sieben davon nicht. Die Medien überschlagen sich ob dieses Rad-Wunders. Aber es gibt auch Schattenseiten. Bilder von Andersons trainierten Beinen werden veröffentlicht, um die angeblich „schreckliche Wirkung" des Radfahrens auf den weiblichen Körper zu zeigen.

Ich glaube,
das Fahrradfahren hat mehr
für die Emanzipation
der Frauen getan als alles andere.
Es gibt Frauen ein Gefühl
der Freiheit und
der Selbstbestimmtheit

SUSAN B. ANTHONY,

US-amerikanische Frauenrechtlerin,
1820-1906

Weißt du noch …? Als wir Kinder waren

Huii! Motto einer Kindheit hinterm Lenker. Weißt du noch? Da hat man mit den besten Freund*innen die Räder den Berg hinterm Haus hochgeschoben. Sich oben herzklopfend auf den Sattel gesetzt – die Beine waren gerade lang genug, dass man mit den Füßen aufs Pedal kam. Und dann: Los! Runter, runter, runter. Immer schneller. Finger weg von der Bremse. Die Haare flattern im Wind, das Käppi fliegt davon – egal. Immer schneller. Traust du dich? Nimm die Füße vom Pedal, streck die Beine in die Länge. Herzen hüpfen. Und du hörst dich selbst jauchzen: Huiii!!

Wir konnten alle fliegen, damals in der Kindheit auf dem Fahrrad. So gut hat sich das angefühlt. Und heute? Da fahren wir Fahrrad oft aus eher pragmatischen Gründen und aus „erwachsenen“ Motiven: zum Einkaufen oder zur Arbeit. Wir holen unsere eigenen Kinder mit dem Rad ab, statt selbst Kinder zu sein. Aber wie wäre es, wenn wir es anders machen würden? Wie Peter Pan. Einfach mal für einen Augenblick wieder Kind sein auf dem Rad. Nach der Arbeit einen Berg hochschieben und einfach mal wieder fliegen. Huiii ist nämlich zeit- und alterslos.

Probier's aus!

Tipps zum Radeln mit Kids

Radeln geht erst ab einem bestimmten Alter?

Wer´s glaubt! Schon die Kleinsten schlummern in der mobilen Velo-Schaukel selig. Die große Auswahl an modernen Kinderanhängern und Lastenrädern macht's möglich. Damit die Kleinen geschützt sind, gibt es spezielle Baby-Hängematten die in das Lastenrad oder den Anhänger eingespannt werden und Schutz vor Erschütterungen bieten. Zusätzlich gibt es mittlerweile einrädrige Anhänger mit Luftdämpfer-Federung, mit denen sich selbst Mountainbike-Trails fahren lassen – samt Baby on board!

Routen altersgemäß planen:

Für Kinder unter 8 Jahren sind Tagesetappen von rund zwanzig Kilometern ausreichend! Steile und lange Anstiege sollten vermieden werden. Als Faustregel gilt: lieber mehr Tage mit weniger Kilometern pro Tag als weniger Tage mit mehr Kilometern pro Tag.

Aufs Rad kommt's eben doch an:

Auf Kinderrädern mit 20 oder 24 Zoll müssen die Kids viel mehr strampeln als wir Erwachsene. Längere Touren sind denkbar, sobald die Kleinen groß genug sind für 26-Zoll-Räder. Und: unbedingt auf das Gewicht des Rades achten. Viele Kinderräder sind zu schwer gebaut.

Tragesel statt Drahtesel?

Das Thema Gepäck ist die Nemesis jedes Radreisenden. Wer mit Kindern radelt, hat nicht nur die eigenen Siebensachen zu schleppen, sondern auch die der Kids. Aber: Lasst den Kleinen gern ein Stück eigener Last - das gehört zum Abenteuer dazu. Was wollen die Kleinen übernehmen? Die Brotzeittüte im Gepäckträger und Lieblingsteddy Benny in der Lenkertasche? Lasst sie auf Augenhöhe teilhaben und ihren Beitrag leisten.

Am allerwichtigsten aber:

Zeit zum Entdecken, Aufspüren, Erleben einplanen! Ihr kennt das: Macht Pläne wie ihr wollt - durchorganisiert, perfekt getaktet, tipptopp vorbereitet. Und dann kommen die Kinder ums Eck. Deshalb: Embrace the chaos! Umarmt das Chaos, die Unplanbarkeit. Plant Puffer ein. Großzügig. Denn es wollen Frösche am Wegrand erkundet, Mooswälder durchstreift, Bachläufe gestaut und Wolken gezählt werden. Wenn ihr ungeduldig dabei werdet, denkt immer daran: In genau diesen unvorhergesehenen, ungeplanten Dingen findet die eigentliche Reise statt.

Als ich ein Kind war,
betete ich jeden Abend, Gott
möge mir ein Fahrrad schenken.
Dann verstand ich, dass Gott
so nicht arbeitet. Also stahl ich
mir ein Fahrrad und
betete für Vergebung.

EMO PHILIPS,

US-Komiker

Dein perfektes Rad: 5 Tipps für den Radkauf

WerWieWoWas? Überforderung vorbeugen.

Wer einfach losgeht in der seligen Naivität, ein Fahrrad kaufen zu wollen, der wird von der schieren Fülle und Auswahl an Rädern schnell erschlagen. Was hilft: Wünsche und Vorstellungen vorher festlegen: Was will ich überhaupt? Wofür will ich das Rad nutzen? Wissen, was man will, ist die halbe Miete – auch beim Fahrradkauf.

Was nicht passt ...

... kann nur bedingt passend gemacht werden. Zumindest, was Fahrräder angeht. Ganz wichtig ist deshalb, die richtige Rahmengröße zu kaufen. Im Detail lassen sich zwar noch einige Elemente nachjustieren. Ein grundsätzlich zu großes oder zu kleines Rad wird aber stets ein solches bleiben und Probleme machen, spätestens auf längeren Strecken. Manche Radläden bieten deshalb professionelle Ganzkörpervermessungen (Bike-Fitting) an.

Gebraucht? Ja, aber richtig!

Gerade in Radsportsparten wie dem Mountainbiken sind die Preise für Neuräder oft astronomisch. Es muss aber nicht immer ein Neurad sein. Ein Gebrauchtes tut es auch! Wichtig dabei: die richtige Plattform wählen: Spezialisierte Online-Marktplätze sind hier empfehlenswerter als digitale Großmärkte wie ebay-Kleinanzeigen oder ähnliches.

Sparen mit Köpfchen.

Teuer ist nicht immer gleich gut. Und günstig nicht unbedingt schlecht. Beim Radkauf lässt sich durchaus sparen, bloß bitte an den richtigen Stellen: Etwa bei Vorjahresmodellen, die oft vergünstigt angeboten werden. Auch Online-Direktversender sind häufig günstiger.

Da geht noch was!

Ein gekauftes Rad ist nie das perfekte Rad. Rüste also nach – und mach das Rad zu deinem Rad. Welche Bereifung brauchst du? Welche Bremsen sind die richtigen für dich? Welche Lenkerbreite und -höhe ist für dich perfekt? Dein individuelles Rad ist wie kein anderes. Finde heraus, was für dich radlrichtig ist!

Freud und Leid
Der Platten

Er ist der Erzfeind der Bewegung. Der Endgegner auf Touren im Regen, kurz vor dem rettenden Etappenziel. Der Platte. Unvermeidbar. Unausweichlich.

Physikalisches Gesetz einer erbarmungslosen Wahrscheinlichkeitsrechnung. Wer Rad fährt, wird früher oder später einen Platten haben. Alle Vorsicht und Unplattbar-Reifen hin oder her. Aber genau in dieser Gewissheit liegt auch die Seelenruhe:

Es wird passieren, also sei gelassen in dieser Gewissheit und sei einfach vorbereitet – Fahrradflickzeug solltest du immer parat haben.

Geschichten hinter dem Lenker

Räder sind wie Schuhe

Mit Fahrrädern ist es wie mit Schuhen. Die meisten passen im Laden erstmal auf jeden Fall irgendwie. Reingeschlüpft, herumstolziert die paar Meter zum Spiegel und wieder zurück. Ja, passt doch. Sieht gut aus, wird gekauft. Ob sie aber wirklich passen, merkt man erst, wenn man ein ganzes Stück in ihnen unterwegs war.

So ging es mir mit meinem ersten Tourenrad. Ein Randonneur, Stahlrahmen, schneeweiß lackiert. Der glitzerte in der Sonne. Es war Liebe auf den ersten Blick. Und als La Belle Blanche, wie ich das Rad sogleich nannte, dann nur in Rahmengröße M lieferbar war, da dachte ich – wie all diese vermaledeiten Male im Schuhladen: Ja, wird schon passen. Und ich fuhr los, knapp 5.000 Kilometer und drei Monate lang durch Europa. Die schöne Weiße rollte ohne zu murren – Zelt, Kochtopf, Schlafsack, Träume im Gepäck – quer durch Frankreich, Spanien, England, Belgien, die Niederlande und Deutschland. Und ich selig darauf, in der Sonne glitzernd. Nur: Bei dieser ersten Tour hatte ich viel Zeit, radelte kaum mehr als fünfzig Kilometer am Tag, mit vielen Sonne-auf-den-Bauch-scheinen-lassen-Tagen. Ich verließ den Schuhladen quasi gar nicht.

Das tat ich erst ein paar Jahre später dann, als ich an einem eisigen Tag im Frühjahr vor meiner Haustür in Süddeutschland losradelte. Mit einem hanebüchenen Plan: In dreißig Tagen das Nordkap zu erreichen. 3.400 Kilometer, kein einziger Pausentag, etwa 110 Kilometer pro Tag – jeden Tag. Nach den ersten sieben Tagen blieb vom seligen Glitzern nichts mehr übrig. Der Rahmen war zu groß. Nur einen Tick. Aber der suchte mich nun mit aller Gewalt heim: Schmerzen in den Beinen und Fersen, Probleme mit dem Rücken. Ausgeglitzert. Und ich, irgendwo zwischen Lappland und dem Polarkreis, meine Ungeduld beim Radkauf verfluchend. Dreißig Tage später, nach 3.400 Kilometern, unzähligen Flüchen, einigen Tränen und ein paar Dutzend Rentierbegegnungen, erreichte ich das Nordkap. Auf meinem zu großen Rad.

Das habe ich übrigens bis heute. Jetzt steht es im Garten und glitzert manchmal immer noch in der Sonne.

Around The World

Schon gewusst?

Das längste Fahrrad der Welt ist ganze 41,42 Meter lang. Es ist ein Tandem, wurde 2016 an der University of South Australia gebaut und bietet Platz für eine ganze Schulklasse an Radler*innen. Es haben nämlich dreißig Personen darauf Platz!

Damit übertrumpft es den bisherigen Weltrekord. Der lag bei einem niederländischen Tandem-Team, das sich mit seinem 35,79 Meter langen Fahrrad in das Guinnessbuch der Rekorde gestrampelt hatte.

Test Welcher Typ Radfahrer*in bist du?

Wie würden dich deine Freunde beschreiben?

a. Gemütlich, entspannt, immer für einen Biergarten-Stopp oder einen Kaffee-und-Kuchen-Halt zu haben (+1 Punkt)

b. Waghalsig und mutig, auf der Suche nach dem nächsten Adrenalinkick (+3)

c. Zielorientiert, mit viel Biss und Durchhaltevermögen (+2)

d. Abenteuerlustig, horizont-süchtig, gerne auf Reisen und in der Weltgeschichte unterwegs (+4)

Was trägst du auf dem Fahrrad?

a. Zelt, Campingkocher, Isomatte – mein Fahrrad ist mein Schneckenhaus, ich habe alles dabei, um die Welt zu erradeln (+4)

b. Enge Funktionskleidung für möglichst wenig Luftwiderstand bei maximaler Geschwindigkeit (+2)

c. Fullface-Helm, Knieschoner und Brustprotektoren für die nächste Abfahrt im Gelände (+3)

d. Lockere Klamotten mit einem Gürtel, der sich weiter schnallen lässt für mehr Schnitzel, Kuchen und Bier – so ist man für jede überraschend auftauchende Raststätte gewappnet (+1)

Wofür brauchst du ein Fahrrad?

a. Um all die lauschigen Ecken und feinen Biergärten dieser Welt erkunden zu können (+1)

b. Für die flowigen Trails, verblockten Steinfelder und knorrigen Wurzelfelder dieser Welt (+3)

c. Wadenumfang und Geschwindigkeitsrausch sind meine Motivation (+2)

d. Um mein Zuhause überall auf der Welt dabeizuhaben (+4)

Ergebnis

Zähle die Punkte jeder Antwort zusammen und finde heraus, welcher Typ Fahrradfahrer*in du wirklich bist!

3 bis 4 Punkte:

Als **Genussradler*in** ist la dolce vita auf dem Fahrrad dein Metier. Am wohlsten fühlst du dich auf gemütlichen Schotterwegen inmitten schattiger Flusstäler. Geschwindigkeit ist kein Teil deines Vokabulars, Biergarten-Pause, Genießer-Stopp und Vesperplatz mit Panorama-Aussicht dafür umso mehr.

5 bis 7 Punkte:

Du bist ein **Rennrad-Junkie**! Deine Jahresrechnung orientiert sich an der Tour de France. Der Rahmen deines federleichten Carbon-Rennrads ist gespickt mit Sportgels und Fitnessriegeln – für den Notfall an der siebenundvierzigsten Kehre am Stilfser Joch. Die Straße ist dein (Rad-)Zuhause.

8 bis 10 Punkte:

Als **Downhill-Mountainbiker*in** lebst du fürs Adrenalin. Herzklopfen ist dein zweiter Vorname und Steinfelder und Wurzelstufen sind deine Heimat. Den Uphill nimmst du vor allem deswegen gern auf dich, weil du weißt, dass dahinter die Abfahrt wartet.

11 bis 12 Punkte:

Als **Weltenbummler*in** fährst du am liebsten immer in eine Richtung, der Himmel über dir, die Straße unter deinen Reifen. Du kennst dich auf dem Schwarzmarkt in Bagdad besser aus als in Kleinmühlheim und hast dein Zelt-Haus auf deinem Fahrrad immer mit an Bord.

Sicher unterwegs

4 Tipps für mehr Sicherheit – und Spaß!

Kenne deine Pappenheimer

Stell dir vor, du gehst auf Weltreise, mit einem völlig fremden Menschen, dessen Macken du nicht kennst. Der irgendwo in der sibirischen Taiga beschließen könnte, dich im Stich zu lassen. Nicht sehr sinnvoll, oder? Das gilt auch fürs Radfahren: Nur was du kennst, mit dem kannst du auch (adäquat) umgehen. Lerne dein Rad also kennen wie deine Westentasche. Jedes Quietschen, Rattern und Knarzen solltest du einordnen können, jede Macke und Eigentümlichkeit kennen wie bei einem guten Freund, auf den du dich im Ernstfall verlassen kannst. Eben weil du genau weißt, wo seine Limitierungen liegen.

Plane vorausschauend ...

Das Leben passiert, während man damit beschäftigt ist, Pläne zu machen. Stimmt. Richtig ist aber auch, dass eine vorausschauende Planung gerade beim Radfahren oft den Unterschied macht zwischen Frust und Freude. Sei für Eventualitäten gewappnet. Nicht für alle – das ist schlicht unmöglich. Aber für die Standardliste an Bike-Challenges wie Speichenbruch, Platten, Materialverschleiß, Hungerast oder einfach nur windigen Wetterwechsel. Am besten: Hab immer eine fixe Basis-Ausrüstung dabei: Regenjacke, Multitool, Ersatzschlauch, Kraftriegel und Erste-Hilfe-Set.

... und fahr auch so!

Wenn du nicht siehst, was hinter der Kurve da vorne kommt, dann sei lieber vorbereitet auf ein querendes Rhinozeros, als dich blind darauf zu verlassen, dass die Bahn schon frei sein wird. Vorausschauend fahren ist gerade in schnellen Bergabfahrten mit Rennrad oder Mountainbike der Schlüssel zur Unversehrtheit, macht aber auch mit dem Tourenrad Sinn – und mit dem Fahrrad im Stadtverkehr sowieso.

Lebenslanges Lernen

Du denkst, du kannst Radfahren, weil du damals auf dem Pausenhof erfolgreich durch die Fahrradprüfung durchgestrampelt bist? Okay, du fällst vielleicht ohne Stützräder nicht mehr um – aber wie steht es um deine Bike-Beherrschung wirklich? Fahrradkurse, etwa Mountainbike-Fahrtechnikkurse, lohnen. Gerade auch, weil sie die Schwächen in unserer jahrelangen Radl-Routine aufdecken und uns die Chance geben, unser Fahrrad wirklich zu fahren. So werden wir vom Mitfahrenden zum aktiv Fahrenden!

Mir ist es eingefallen,
während ich Fahrrad fuhr.

ALBERT EINSTEIN

über die Relativitätstheorie,
Physiker und Nobelpreisträger

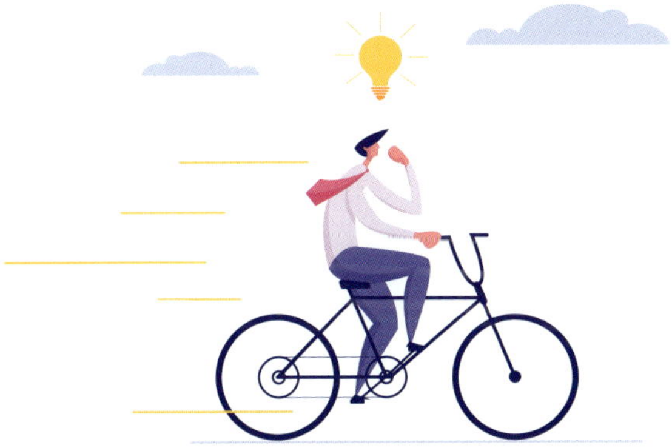

Bike-Check

für Beginner*innen

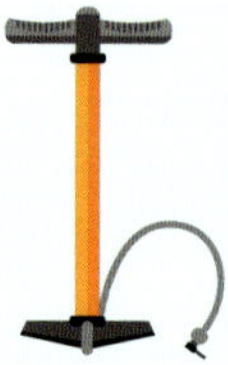

Bereit zum Biken? Ein Bike-Check vorm Losfahren verrät es dir.

Laufräder:

- ❍ **Ist der für deine Tour passende Luftdruck in den Reifen?**
  Mach den „Daumen-Test“ oder besser, nutze einen Reifendruckprüfer. Die sind günstig, handlich und weitaus präziser!
- ❍ **Ist der Reifenmantel frei von Beschädigungen?**
  Fahre den Mantel mit einer Hand ab und halte Ausschau nach rissigen Stellen, eingefahrenen Fremdkörpern und einfach allem, was da nicht hingehört.
- ❍ **Ist gleichmäßige Speichenspannung vorhanden?**
  Fang am Ventil an und drücke mit leichtem Druck die jeweils sich überkreuzenden Speichen zwischen Daumen und Zeigefinger zusammen. Geht überall ungefähr gleich schwer? So soll's sein!

❍ **Sind die Schnellspanner fest?**

Unbedingt und immer wieder überprüfen! Das Laufrad bei laufender Fahrt zu verlieren ist einfach keine Option.

Bremsen:

❍ **Sind Vorder- und Hinterradbremse funktionsfähig?**

Stell dich dafür neben dein Rad, ziehe die Bremsen einzeln an und versuche das Rad nach vorne (VR) und nach hinten (HR) zu schieben. Wenn das nicht klappt – passt!

❍ **Sind die Bremsbeläge in Ordnung?**

Das kannst du bei den meisten Bremsen mit einer einfachen Sichtkontrolle überprüfen.

Und sonst?

❍ **Sind etwaige Anbauteile fest?**

Passt, wackelt und hat Luft? Bitte nicht! Alles, was nicht fest ist, kann dir im Zweifelsfall entgegenkommen und dich beim Fahren behindern. Prüfe also, ob Anbauteile wie Klingel, Navigations-, Handy- und Flaschenhalterungen sicher sitzen.

❍ **Und was ist mit mir?**

Sicherheitsrisiko Nummer 1 ist am Ende nicht das Rad, sondern du selbst. Deshalb: Beende den Bike-Check immer mit einem Blick nach unten – auf dich selbst: Hast du dem Wetter angepasste Kleidung an? Sitzt dein Helm auch wirklich? Fühlst du dich gut? Na, dann raus da mit dir!

Around The World

Schneller als ein Gepard

Die schnellste auf dem Rad erreichte Geschwindigkeit liegt bei 296 km/h. Erreicht wurde sie 2018 von der Amerikanerin Denise Mueller-Korenek.
Starthilfe gab ihr dabei zwar ein Dragster – ein Fahrzeug, das bei Beschleunigungsrennen zum Einsatz kommt.

Aber: Bei 160 km/h wurde sie davon abgekoppelt und erstrampelte sich im Windschatten die 296 km/h mit eigener Wadenkraft!

Zum Vergleich: Das ist schneller als ein ICE (150 km/h)! Einem Geparden, dem schnellsten Landtier der Welt mit Spitzengeschwindigkeiten von 130 km/h, könnte sie damit auch flugs davonradeln.

Rad and the City

Die Lianen hängen tief im Großstadtdschungel. Oberleitungsdickicht, Neonbannerhorizont, Mutter Asphalterde. Dazwischen fahre ich mit meinem Rad auf blassblutroten Fahrradstreifen durchs urbane Unterholz, streife durch Häuserschluchten und City-Canyons. Um mich qualmende Herdentiere, Abgas-Säuger. Ich schlängele mich durch die laute Schlange unzähliger Autos, meine zwei Räder ihren vieren überlegen.

Mein Rad und ich – wir stehen über dem Stau. Wir gleiten, schweben, fliegen vorbei, eine sonderbare Safari. Nebenstraßen wie seichte Flussarme retten uns immer ein paar Straßenzüge lang, hier lässt es sich leichter radeln und atmen. Das Hupen der Herde fern am Horizont wie ein vorbeiziehendes Gewitter. Fast schön anzu-

hören, weil es weit weg ist. Stellenweise bricht die Stadt zurück, in die Seitengassen und Nebenschauplätze dieses seltsamen Stadtradelns. Aber wir, mein Rad und ich, sind schneller.

Dann sind wir raus aus dem Stadtkern, vor uns der Wiesengrund, zickzack darin der Radweg. Ausgestorben, sodass wir lustvoll schlingern können, mein Rad und ich. Links, rechts, links. Wer sich traut, macht dazu noch die Augen zu. Die Lichter der Stadt hinter uns, vor uns, langsam, schält sich das Land aus dem Horizont. Das weite Land, die Nicht-Stadt, das Draußen-Sein, das Rad-Fahren. Einatmen, ausatmen. Wir sind dem Dschungel entkommen.

Zumindest für diesen Radmoment.

Cool in der City

3 Tipps zum Radeln in der Stadt

Einbahnstraßenwirrwar, Autoverkehr, Straßenkreuzungen, enge oder erst gar nicht vorhandene Radwege – der Stadtverkehr ist der Limbus des unbeschwert Radelnden.
Mit diesen Tipps kommst du besser durch.

Nutze Nebenstraßen

Auch wenn die Hauptachsen schneller sein mögen – in vielen deutschen Städten führen die Radwege an viel befahrenen,

mehrspurigen Straßen entlang. Und das oft auf schmalen, halb verblichenen Radwegstreifen. Links rauscht der LKW an einem vorbei, rechts ist man durch parkende Autos einer konstanten Dooring-Unfallgefahr ausgesetzt. So bringt Radfahren in der Stadt weder Sicherheit noch Spaß. Deshalb: lieber auf Nebenstraßen ausweichen. Das spart vielleicht nicht unbedingt Zeit, dafür aber umso mehr Nerven.

Hab dein Zeitmanagement im Blick

Apropos Zeit. Wer keine Zeit hat, ist schnell in einem neurologischen Ausnahmezustand, besser bekannt als Stress. Und wer im Stress ist, wird schnell unkonzentriert und fahrig, das kann gerade im Stadtverkehr gefährlich werden.
Deshalb: Optimiere dein Zeitmanagement! Schöner Nebeneffekt dabei: Das bringt nicht nur Vorteile fürs Radfahren, sondern schult quasi einen Soft Skill, der dir an vielen Stellen weiterhelfen wird.

Bleib cool!

Zu guter Letzt die Übung, die sich am einfachsten anhört, aber am schwersten umzusetzen ist: Bleib gelassen! Zwischen Verkehrschaos, Terminstress und dem allgemeinen Überdruck der urbanen Postpostmoderne ist es manchmal schwierig, auf dem Rad in der City nicht – im übertragenen wie wortwörtlichen Sinne – ins Schlingern zu kommen. Was hilft, wenn nichts mehr geht: kurz anhalten, absteigen, Augen schließen, durchatmen und bis mindestens zehn zählen.

Freud und Leid

Das Atmen

Leben und Atmen sind ohne einander nicht zu denken, beim Radfahren ist es genauso. Auf dem Rennrad keucht man die siebenundachtzig Kehren hoch zum Passo dello Stelvio, bis die Lunge in Flammen steht. Mit Tourenrad und Hänger ächzt-atmet man sich über das Auf und Ab auf dem spanischen Camino del Norte. Die Anstiege bei der Alp-X auf dem Mountainbike – schwer atmend bewältigt man sie.

Radfahren nimmt uns den Atem, es macht uns atemlos, lässt uns keuchen, ächzen, hecheln wie die Hunde. Aber: Es lässt uns auch atmen. Tief ein und aus, wenn wir dann oben sind und vor uns der Horizont und die ganze Welt sich zu öffnen scheint. Einatmen, ausatmen. So ist das Leben, runtergebrochen auf das Existenzielle. So ist auch das Radfahren.

Freuden auf zwei Rädern

Ein Liebeslied

Mit dem Radfahren ist es so eine Sache

Wenn man nicht aufpasst, dann ist man mir nichts, dir nichts draußen in der Welt. Fahrtwind im Gesicht, Freilauf surrend, Pedale tretend, Sonne im Rücken. Das Rad erschließt dir die Welt vor deiner Tür. Dabei ist es völlig egal, in welcher Form du dem Pedalgott huldigst. Ob du nun Rennrad fährst – WUSCH durch Postkartenlandschaften, greetings from großen Draußen, das Brennen in den Oberschenkeln am Berg, das so bittersüß daran erinnert, dass wir Muskeln und Fleisch und Adern und Leben sind. Ob du Mountainbike fährst – in die Natur

hinein, mitten durch Moosmärchen auf Traumtrails, Fokus im Jetzt, ein Lehrstück in Achtsamkeit. Ob das Tourenrad – auf zwei Rädern ins Abenteuer irgendwo zwischen Nord- und Südpol, in die Ferne an Horizonte und über Tellerränder. Ob das Lastenrad oder das Einrad, das Holland-Rad oder das Tandem. Alle Wege führen nach Rom? Alle Wege führen aufs Rad!

Verdammt, ich habe mein Herz verloren an einen Rahmen auf zwei Rädern. Danke, dass du mir die Welt

zeigst. In all ihren wechselnden Farben und Formen, in allen Wetterlagen. Danke für den Wind im Haar und all die Zeit für Selbst- und Fremdgedanken. Danke, dass du unsere Kinder in den Schlaf schaukelst und unsere Träume spazieren fährst. Danke für die Abenteuer gestern, heute und hoffentlich morgen und bis in die Unendlichkeit. Oder zumindest, bis dein oder mein altersschwacher Rahmen bricht.

Around The World

Da haben die Waden bestimmt gebrannt

Der österreichische Extremsportler Christoph Strasser stellte 2021 einen neuen Rad-Weltrekord auf. Innerhalb von vierundzwanzig Stunden legte er unglaubliche 1.026,215 Kilometer auf dem Fahrrad zurück – das ergibt eine Durchschnittsgeschwindigkeit von 42,75 Kilometer pro Stunde.

Fahrrad-Haute-Couture

No-Gos und Must-Haves

Radfahren fördert die Gesundheit. Das ist bekannt. Radfahren fördert aber auch den Sinn für Ästhetik. Und fordert ihn manchmal auch heraus. Solange Rad gefahren wird, solange wird auch Mode damit gemacht. Mode auf dem Rad ist auch immer ein Politikum, man denke nur an die ersten Frauen, die in Hosen (Skandal!) Rad gefahren sind. Rad-Mode darf vor den Kopf stoßen und aufrütteln, sie darf aber auch einfach Spaß machen und gut aussehen. Oder ein bisschen abgedreht sein, wie nicht von dieser Welt. Und manche Gimmicks sind auch einfach schlicht praktisch. Das alles ist Fahrrad-Haute-Couture! Hier einige (nicht ganz ernst gemeinte) No-Gos und Must-Haves.

No-Go

Wenn du in der Mountainbike- oder Rennrad-Community nicht sofort als waschechter Joey (Slang für Anfänger*in) entlarvt werden willst: Go big oder go home. Nimm das Geld in die Hand. Dein Outfit muss von oben (Helm) bis unten

(Socken und Schuhe) made by Marken sein. Und zwar den richtigen. Denn ja, es gibt coole und uncoole Marken – wähle weise, auf welcher Seite du stehen willst. Derzeit in Mode im Mountainbike-Abfahrts-Bereich: eher dunkle Farben, unter denen das – natürlich Mountainbike-thematische – Tattoo kleidsam hervorblitzen kann.

Must-Have

80s sind gerade der Trend. Fahrradbrillen im Stil von 80er-Jahre-Ski-Brillen. Je flashiger, desto besser, je geschmackloser, desto cooler. Pinkverspiegelte Gläser, neongelber Rahmen mit pixeligen Punkten – Volltreffer. Ein Trend, über den sich trefflich streiten lässt. Haben muss man die Teile trotzdem. Einfach, weil sie für Radfahrer*innen schon fast dieselbe Funktion erfüllen wie eine quietschgelbe Warnweste: Man fällt auf! Fortgeschrittene ziehen den Trend auch bei den Socken durch – wer also waghalsig kombinieren will, der kann den Hype auch unten fortsetzen.

No-Go

Don't mix it up! Eigentlich immer gerne, aber nicht genreübergreifend beim Radfahren. Wer am Hometrail auf seinem Mountainbike im hautengen Rennrad-Anzug ankommt und umgekehrt, der wird definitiv nicht zur Party der Coolen eingeladen werden. Die Bike-Community ist ja tolerant, aber was zu weit geht, das geht zu weit! Wenn du also verschiedene Räder für verschiedene Radl-Spielarten hast, dann besorg dir gefälligst auch die jeweils passenden Outfits. Du willst doch dazugehören, oder?

Wenn du niedergeschlagen bist, wenn dir die Tage immer dunkler vorkommen, wenn dir die Arbeit nur noch monoton erscheint, wenn es dir fast sinnlos erscheint, überhaupt noch zu hoffen, dann setz dich einfach aufs Fahrrad, um die Straße herunterzujagen, ohne Gedanken an irgendetwas außer deinem wilden Ritt.

ARTHUR CONAN DOYLE,

britischer Schriftsteller

Ich packe meine Satteltasche

Über Radreisen und andere Schnapsideen

Wie viel Leben passt in eine Satteltasche?

Wer schon einmal sein Schneckenhaus aufs Rad packen musste, der weiß, wie viel das eigene Abenteuer wiegt. Vor der Abreise wird fein säuberlich alles daheim auf dem Bett ausgebreitet, was man braucht – oder zu brauchen glaubt. Ein Kilimandscharo an Hab und Gut. Dann diesen langsam abtragen, Teil für Teil. „Brauche ich das wirklich?" – Eine Frage, die man sich als Radreisender immer und immer wieder stellt. Bis aus dem

Kilimandscharo ein Gartenzwerghügelchen geworden ist. Zu erkennen, was wichtig ist – auch das ist ein Geschenk, das einem das Reisen mit dem Rad macht. Alles, womit wir uns belasten, belastet uns. So banal, so wahr. Dabei ist es oft ein schmaler Grat zwischen Notwendigkeit und Luxus. Wie viel Paar Socken sind zu viel, wie viel zu wenig? Radreisen bedeutet, sich freiwillig zu beschränken und auf möglichst viel Komfort zu verzichten, vor allem, wenn man mit dem Zelt oder dem Biwak unterwegs ist. Bei dieser Art des Reisens weiß ich immer ganz genau, welche Siebensachen ich habe –

eben weil der mobile Hausstand so überschaubar ist. Das gibt mir ein Gefühl von Ordnung in der Welt, das beruhigend und heilsam zugleich wirkt. Auf dem Rad ist das alles, dieses Leben, nicht so kompliziert. Da gibt es keine Behördengänge, keine Arbeit von 9 to 5, keine Büroüberstunden, keinen Alltag in diesem grauen Sinne, den wir alle kennen. Da gibt es nur mein Rad und mich und die Straße vor uns und dahinter der Horizont. Und ich trage mein ganzes Leben in den Satteltaschen bei mir. Radreisen, das ist zugleich Kontrollverlust und Kontrollgewinn. Das ist erkennen zu dürfen, wie viele Dinge wir für's Abenteuer brauchen. Oder wie wenige.

Around The World

Du bist Radl-Enthusiast*in?

Dann ist ein Trip nach Kopenhagen genau das Richtige für dich. Dänemarks Hauptstadt gilt nämlich als fahrradfreundlichste Stadt der Welt. Kein Wunder also, dass seit 2016 dort mehr Fahrräder durch die Stadt brausen als Autos. Über 60 Prozent der Arbeits- und Schulwege werden hier per Velo zurückgelegt.

Die Stadt investiert rund 40 Euro pro Einwohner*in in die Rad-Infrastruktur. Zum (traurigen) Vergleich: In Deutschland schwanken die Investitionen pro Kopf und Jahr je nach Bundesland zwischen rund zwei und fünf Euro.

Tipps *für die Radreise deines Lebens*

1. Fang klein an.

Auch wenn dich das Radreise-Feuer gepackt hat - nimm dir realistische Touren zum Einstieg vor! Wer klein anfängt und sich nach und nach steigert, kommt mit der Zeit umso weiter.

2. Fahr Fahrrad, wann immer es geht.

Immer wieder liest man, dass man sich auf Radreisen konditionell gezielt vorbereiten soll. Nur, wer hat dafür zwischen Beruf oder Ausbildung, Hund, Kind, Familie und sonstiger Freizeit schon Zeit? Lifehack: Trainiere einfach immer nebenbei, indem du möglichst alle Alltagsfahrten mit dem Fahrrad erledigst. Simpel, aber effektiv.

3. Plane angemessene Tagesetappen – und nimm dir entsprechend Zeit.

Einfachste Mathematik: Wenn du wie ich die 3.400 Kilometer von Nürnberg zum Nordkap in 30 Tagen radeln willst, dann teile 3.400 durch 30, heraus kommen im Schnitt 113 Kilometer pro Tag. Teile das auf kürzere oder längere Etappen auf, je nach Höhenmeter der Streckenabschnitte. Füge optional noch Pausentage hinzu.

4. Teste deine Ausrüstung.

Fahr nicht mit nagelneuer, unberührter Ausrüstung los, die du vorher noch nie ausprobiert hast. Teste dein Material unbedingt vorher! Nimm die Regenjacke und fahr im Regen, zieh die Softshelljacke an und raus da auf die Schneetour. Du stellst schnell fest, was (dir) taugt und was nicht.

5. Gutes (Karten-)Material ist die halbe Miete.

Nutze moderne Technik wie Apps und Navigationshilfen! Aber: Hab für den Notfall immer klassische Karten dabei. Nicht überall gibt es Netz und Navigationsgeräte geben manchmal leider just in den tiefst-sibirischen Hinterland-Momenten den Geist auf.

6. Mehr Raum für Puffer.

Nimm dir Zeit und plane entsprechend. Schaff dir auf der Reise selbst Raum für Unwägbarkeiten und Umwege.

7. Glamper*in oder Minimalist*in? Alles darf sein.

Du musst nicht auf Komfort verzichten, nur weil der Biwak-Extrem-Biker, den du bei der Alp-X getroffen hast, der Meinung ist, dass „echte" Radreisende nackt im Schnee schlafen. Mach, was du willst!

8. Probepacken ist ein Muss!

So weißt du, wo was ist, und ob überhaupt alles aufs Rad passt. Das verhindert unangenehme Überraschungen und erspart das ewige Suchen nach dem vermaledeiten ... verflixten ... ah, da ist es ja!

9. Für E-Biker*innen: Akkulademöglichkeiten vorab klären.

Spart Zeit und Frust.

10. Trust The Process & Mut zur Lücke.

Aufregung vor einer Radreise ist normal! Genieße die Planung und das Packen vorher als ersten Teil deines Abenteuers. Und bleib cool, irgendwie geht am Ende doch immer alles gut. Pro-Tipp: Bei aller Vorbereitung, plane die Route nicht zu genau durch und erlaube dir ein bisschen Mut zur Lücke. So bleibst du flexibel und offen für Unvorhergesehenes – letztlich für das Leben.

Test Welcher Radreisetyp bist du?

Was beschreibt dich am ehesten?

a. Du weißt heute noch nicht, was du morgen machst und lebst gerne in den Tag hinein. (+1 Punkt)

b. Tabellen sind dein Ding, Organisation ist dein zweiter Vorname, Ordnung deine Leidenschaft. (+3)

c. Hals-über-Kopf darf schon mal sein, aber in Maßen. (+2)

Du darfst drei Sachen auf eine einsame Insel mitnehmen – für welches Paket entscheidest du dich?

a. Kompass, Survival-Guide für Anfänger, Wünschelrute (+3)

b. Dein Lieblingsessen, ein Allround-Sprachlernbuch, eine Signalpistole (+2)

c. Lampions für die Strandstimmung, deine Kuscheldecke, einen Kasten deines Lieblingsbiers (+1)

Wenn du an Radreisen denkst, woran denkst du?

a. Sportliche Herausforderung, Etappenplanung, Höhenmeterzähler (+3)

b. Die Biergärten und Wiesen zum Sonne-auf-den-Bauch-scheinen-Lassen auf dem Weg (+1)

c. Erlebnisse auf zwei Rädern zwischen Entspannung und Herausforderung (+2)

Deine Freunde bitten dich, die gemeinsame Radtour zu planen. Wie gehst du vor?

a. Du stellst die gewünschte Route grob zusammen, lässt aber Raum für Umwege, Abstecher und Unvorhergesehenes. Unterkünfte buchst du vorab nur ungern fest. Du planst die Reise so, dass ihr zwar nicht völlig planlos unterwegs seid, aber auch viel Platz ist für Abenteuer. (+2)

b. Gar nicht. Die fragen dich nämlich nicht, gemeinsame Radtouren zu organisieren, weil sie wissen, dass deine Vorliebe für Planungen sich in genau einer einzigen Sache erschöpft: einfach losradeln. Den Rest erledigt das Leben. (+1)

c. Du bist Orga-Hohepriester*in im Freundeskreis. Wenn's sein muss, planst du zwischen Frühstück und Mittagessen auch eine Antarktis-Expedition auf zwei Rädern. Du bist top organisiert, holst vorab sämtlich verfügbare Informationen über die Route, das Wetter und die konditionelle Verfasstheit deiner Radel-Gruppe ein, ordnest diese akribisch und erstellst eine von hinten bis vorne top vorbereitete Rad-Tour. (+3)

Ergebnis

4 bis 5 Punkte: YOLO-Rad-Vagabund*in

Radreisen gehst du genauso an wie das Leben: Du nimmst, was kommt, und genießt jeden unverhofften Augenblick, jedes Rastplätzchen auf Alpenwiesen, jeden Genuss-Halt im Café. Vorbereitende Planung empfindest du eher als Affront gegen den natürlichen Lauf der Dinge, der da heißt: YOLO – You Only Live Once. Man lebt nur einmal. Da ist definitiv zu wenig Zeit für Orga-Stress, Routenplanung und Karten-Wälzen. Dein Motto: einfach losfahren – die Route kommt beim Radeln

6 bis 8 Punkte: Goldene-Mittelweg-Biker*in

Du hältst es beim Radfahren wie der griechische Philosoph Aristoteles mit der Tugend. Am sichersten fährt man mit dem goldenen Mittelweg: Radreiseplanung sollte nicht zu chaotisch, aber auch nicht zu streng verlaufen. Sie sollte Raum lassen für Abweichungen und Abstecher, aber es sollte schon eine grobe Route geben. Du hast gerne ein Ziel, hältst aber wenig davon, dieses über alles andere zu stellen und mit Scheuklappen durchs (Rad-)Leben zu pedalieren. Dein Motto auf zwei Rädern: Mut zur Lücke – aber mit Maß!

9 bis 12 Punkte: Das Orga-Wunder

Dein Organisationstalent ist berühmt. Und berüchtigt. Spontanität fällt in deinem Regime die meiste Zeit der Zensur zum Opfer. Dafür bist du Meister*in viel bewunderter, tipptopp durchgeplanter Radtouren mit vorbildlicher Ausrüstung, 5-Sterne-Routenverlauf und Rundum-Sorglos-Paket. Dein Motto: Überlasse nichts dem Zufall – sonst fehlen dir am Ende mehr Speichen, als dein Rad verkraften kann!

Around The World

Kurios

Im 19. Jahrhundert glaubten Wissenschaftler*innen an das sogenannte „Fahrrad-Gesicht“. Sie waren der Überzeugung, dass sich das menschliche Gesicht durch den Fahrtwind verformen würde.

Belege für eine ungesunde Entwicklung gab es jedoch nie. Was allerdings tatsächlich wenig bekömmlich sein dürfte: Der französische Schausteller Michel Lotito hat in seiner skurrilen Laufbahn als Allesfresser von 1966 bis 1997 insgesamt achtzehn Fahrräder verspeist. Er zerkleinerte die Räder mit einer Elektrosäge und schluckte die Happen hinunter. Am leckersten – nach eigener Aussage:

die Fahrradkette.

Freud und Leid

Po-Schmerz

Gefürchtet – berüchtigt – unvermeidbar? Der Po-Schmerz, das Sitzfleisch-Leid, das Sattel-Weh. Fast jede*r kennt es. Es kommt schleichend, oft hinterrücks. Der Schmerz nimmt üblicherweise zu mit der Länge der Etappe. Am Ende des Radeltages, wenn man den Po schließlich vom Sattel hebt, kann man sich kaum mehr auf die Bank im Biergarten wuchten, so sehr brennt das Derrière. Die schlechte Nachricht: Der Schmerz wird nicht unbedingt besser mit der Zeit und der Anzahl der zurückgelegten Rad-Kilometer. Die gute Nachricht: Er wird anders, denn das Sitzfleisch wächst mit seinen Aufgaben, versprochen! Es wird erträglicher. Und: Je atemberaubender die Landschaft, durch die man radelt, desto schneller ist der Schmerz vergessen. Plane also nur maximal schöne Touren!

Cool Down!

Erste Hilfe für Radler*innen in mentalen Grenzsituationen

Zeitlupe! Steig ab und mach für drei Minuten bewusst alles in Zeitlupe. Das erdet und hilft gegen aufkommende Angst und Panik.

Safe place! Trainiere vor der Reise mentale Schutzräume, die du bei Bedarf abrufen kannst. Das kann beispielsweise ein echter oder fiktiver Lieblingsplatz sein, den du in der Grenzsituation vor deinem inneren Auge abrufen kannst.

Stell dir mal keinen gelben Elefanten vor! Und? Genau! Negative Anweisungen funktionieren nicht. Formuliere bewusst in deinem Kopf. Statt „Ich werde mich nicht stressen lassen“, sag dir Sätze wie „Ich werde ruhig in die Situation hineingehen“.

Anker! Ähnlich wie der Safe place, aber umfassender. Ein Anker ist eine durch zahlreiche Wiederholungen antrainierte und in uns quasi „eingeschriebene" Selbst-Konditionierung, die schnell abrufbar ist. Das kann alles sein – ein Lied, ein Mantra, eine Berührung, ein Zeichen.

Hochleistungssportler*innen nutzen diese Art von antrainierten Routinen, um sich in ein Leistungsspektrum hinzupushen. Wir können das auch, probier es aus!

Atme! Und zwar richtig! Egal, was ist, der Atem bleibt. Selbst in akuten Panikattacken bleibt die Atmung als Fixpunkt bestehen – wenn sich alles andere in schwarz-rot gleißender Finsternis aufgelöst hat. Wenn es geht, versuche ruhig zu atmen. Wenn nicht, dann kann der Gedanke helfen: Es atmet mich. Egal, wie schwierig der Weg ist, dein Körper hört nicht auf zu atmen. Der Rest: geht vorbei. Ganz sicher.

Grundsatzfrage Radreise

Alleine unterwegs?

Pro

Alleine (rad)reisen? Ja, bitte, ...

... **weil** man sich allein nicht mit Reisegefährt*innen in die Haare bekommen kann. Oder doch, man kann ja auch mit sich selbst in Konflikt geraten. Aber das sind oft heilsame Prozesse, die einen wachsen lassen.

... **weil** man nach Herzenslust in der Wildnis den ganzen Etappentag schief singen oder einfach mal so laut schreien kann, wie man will (Tipp: Das ist enorm befreiend!), und überhaupt keinerlei soziale Umgangsformen wahren muss.

... weil man mehr sieht und erlebt. Einfach, weil man in Einsamkeit den Dingen gegenüber aufmerksamer und achtsamer ist.

... weil man Menschen kennenlernt. Wenn man zu zweit oder in einer Gruppe reist, ist man auf andere nicht angewiesen, alleine sieht das anders aus. Das führt dazu, dass man mehr Begegnungen mit (fremden) Menschen hat.

... weil man frei(er) ist. Abstecher gefällig durch das bachrauschende Tal da vorne? Oder heute mal lieber doch die Seele baumeln lassen und einen ungeplanten Pausentag einlegen? Alleine kann man machen, was man will, wann man es will.

... weil man weder seine Tütensuppe teilen muss noch sein Flickzeug.

... weil man sich selbst richtig kennenlernt.

... weil man seinen Rhythmus nicht anpassen muss.

... weil man nur mit sich selbst radelt und den eigenen Gedanken. Das kann sehr meditativ sein.

... weil diese Mischung aus Angst und Euphorie, ganz auf sich gestellt zu sein und ganz auf sich selbst zurückzufallen, trunken macht.

Grundsatzfrage Radreise

Alleine unterwegs?

Contra

Alleine (rad)reisen? Nein, danke, ...

... **weil** geteiltes Leid auch beim Radeln halbes Leid ist.

... **weil** man gerade bei längeren Reisen in touristisch wenig erschlossene Gebiete zur wechselseitigen Versicherungspolice wird.

... **weil** es sich auf manchen Reisevorhaben schlicht empfiehlt. Gerade für Frauen kann es in manchen Gegenden der Welt von Vorteil sein, nicht alleine zu reisen. Das ist schade, aber noch immer Fakt.

... **weil** sich auf einer graupeligen Regenetappe zusammen besser (schief) singen lässt.

... **weil** zusammen auf zwei Rädern in der Welt unterwegs zu sein zusammenschweißt wie sonst kaum etwas anderes.

... **weil** man sich mehr Auszeiten gönnen kann. Stichwort: Heute kochst du!

... **weil** immer einer aufpassen kann, während der andere einkauft, austritt, was holt oder einfach kurz nicht aufpasst. Mit einem*einer Reisegefährt*in hat man immer eine mobile Diebstahlsicherung dabei.

... **weil** Kompromisse finden auch eine Tugend ist – die man auf Radreisen zusammen gezwungenermaßen lernen muss.

... **weil** man zusammen über Gott und die Welt und noch viel mehr reden kann.

... **weil** man zusammen bekanntlich weniger allein ist.

Die 5 schönsten Radregionen der Welt

Frankreich: Eine Radreise nach Frankreich lohnt sich. Und das in jedem Eck – von den pittoresken Dörfern der Normandie über die karg-wilde Schönheit des Massif Central bis an die Strandpromenaden des Südens. Praktisch für alle Radreisende, die mit dem Zelt unterwegs sind: Frankreich hat ein hervorragend ausgebautes Netz kommunaler Campingplätze, sogenannte Camping Municipal. Die werden von den Gemeinden betrieben, sind preisgünstig und liegen oft an den schönsten Plätzen. Ein weiterer guter Grund für eine Frankreich-Radreise: der kulinarische Bombast! All die

Boulangerien und Brasserien, Brioches und Croissants in jedem Dorf, durch das man fährt! Die Käse-Vielfalt! Der Wein! Hier kann man radeln wie Gott in Frankreich.

Schweden: Wer Weite, Stille, Einsamkeit und Wälder mag, ist in Schweden mit dem Rad gut aufgehoben. Höfe in roter Pippi-Langstrumpf-Optik mitten im Nirgendwo, Rentierherden als Begleiter auf den ausgestorbenen Straßen, und Seen und Wälder, wohin der Lenker auch zeigt. Hier sollte man Zeit mitbringen, denn: In Schweden kann man Freiheit auf dem Fahrrad auf jedem Kilometer erleben.

Niederlande: Wahrscheinlich wird nirgendwo sonst auf der Welt so viel Fahrrad gefahren wie in den Niederlanden. Hier gibt es mehr Räder als Menschen, die Infrastruktur ist auch im urbanen Raum aufs Rad ausgelegt und auf speziellen Radwanderwegen gelangt man an Orte, die mit dem Auto häufig gar nicht erst zu erreichen sind. Gerade für Rennradtouren und hier vor allem auch für Genussradler ist das nett, denn: Nennenswerte Berge gibt es nicht.

Kirgisistan: Ja, richtig gelesen. Das wenig bekannte zentralasiatische Land an der Seidenstraße ist ein echter Geheimtipp für Rad-Abenteurer*innen. Von der Hauptstadt Bischkek aus starten Mehrtagestouren und Expeditionen per Rad in die raue landschaftliche Schönheit des Landes. Die schneebedeckten Gipfel des Tien-Shan-Gebirges im Hintergrund – davor goldene Steppe, alpine Hochflächen, Walnusswälder und weite Flusstäler. Jeder Ausblick ein Fotomotiv!

Deutschland: Warum in die Ferne schweifen …? Was Goethe damals schon wusste, gilt auch heute noch. Bei uns daheim gibt es nämlich eine ganze Menge radelnswerter Ecken: Fernradwege wie den Fünf-Flüsse-Radweg oder den Elberadweg für Genussradler*innen und Tourenfahrer*innen. Knackige Anstiege und einsame Passstraßen für Rennrad-Passionierte in den Alpen und den Mittelgebirgen. Und ein feines Netz aus Trails und Trailparks wie auch den ein oder anderen Bikepark für Mountainbiker*innen. Zuhause findet man alles, was das Radel-Herz begehrt.

Beim Radfahren
lernt man ein Land am
besten kennen, weil man
dessen Hügel emporschwitzt
und sie dann wieder
hinuntersaust.

ERNEST HEMINGWAY

Für Mountainbiker*innen

5 Trail-Tipps in Deutschland

Flow mit Urkunde im hessischen Backcountry: Flowtrail Bad Endbach

Von der Deutschen Initiative Mountainbike e.V. (DIMB) zertifiziert und gespickt mit Mountainbike-typischen Hindernissen von Anliegern über Steinfelder und Wurzelpassagen bis hin zu Northshore-Elementen schlängelt sich der Flowtrail Bad Endbach auf über zwei Kilometern feiner Trailabfahrt durch das hessische Backcountry.

Baden-Württembergisches Must-Ride: Canadian Trail Freiburg

Die Freiburger Mountainbiker*innen sind gleich all in gegangen und haben waschechte Expert*innen aus Kanada eingeflogen. Resultat: Mit den Trails Badish Moon Rising und dem Canadian Trail gibt es gleich vor den Toren Stuttgarts etwa 1.000 Tiefenmeter und rund sieben Kilometer Canadian-

Style Trailköstlichkeiten. Da kommen vom Einsteiger bis zum Profi alle Mountainbike-Enthusiast*innen auf ihre Kosten.

Flow-Geheimtipp im Spessart: Mountainbike-Trail zur Jossaquelle/Bad-Orber-Flowtrail

Angelegte, das heißt speziell für Mountainbike-Bedürfnisse künstlich geformte Strecken findet man meist in Bikeparks. Damit ist man aber oft auch dem relativen Trubel dort ausgesetzt. Anders bei diesem Geheimtipp. Der Mountainbike-Flowtrail im Spessart versteckt sich mitten im Naturpark Südspessart und schlängelt sich auf satten vierzig Kilometern an rauschenden Bächen, moosüberwucherten Lichtungen und Waldhorizonten vorbei. Highlight auf der Route: der Bad-Orber-Flowtrail.

Der längste Singletrail Deutschlands: Magdeburger Stieg im Harz

Der Harz kann was. Fünf Bikeparks, vierundsiebzig ausgeschilderte Mountainbike-Routen, 2.200 Kilometer Streckennetz. Und ein besonderes Highlight: der Magdeburger Stieg bei Goslar. Der wurde mit seinen vierundzwanzig Kilometern von der Zeitschrift BIKE nämlich zum längsten Singletrail Deutschlands gekürt. Also: raus aufs Bike, Bremse auf und los geht's!

Der bayerische Klassiker: Flow Country Trail Geisskopf

Ewiger Klassiker im bayerischen Hinterland. Mitten im Bikepark Geisskopf hat Streckenbau-Veteran Diddie Schneider gemeinsam mit Hans Rey, Freeride-Pionier, den Grundstein gesetzt für das, was noch heute überall (nach-)gebaut wird: den Flow Country Trail. Einen Trail, der maximal Flow und minimal Risiko bietet und so für die Masse an Biker*innen interessant und fahrbar ist. Pflichtprogramm vor allem für Anfänger*innen!

Übrigens:

Viele Trails in Deutschland sind nicht kommerziell ausgerichtet, sondern werden ehrenamtlich getragen, gebaut und gepflegt – durch lokale Vereine oder Institutionen wie die DIMB. Hier freut man sich immer über Spenden oder aktives ehrenamtliches Engagement. Denn:

*No Ehrenamt,
no ride!*

In guter Gesellschaft

Berühmte Radfahrerinnen

Frau Schneider (1835-1917)

Im Jahre 1883 kauft das Ehepaar Schneider aus Neisse im heutigen Polen für 700 Mark ein aus England importiertes Dreirad. Da ist Frau Schneider, deren Vorname bis heute unbekannt ist, 48 Jahre alt. Die erste Ausfahrt endet in einem Sturz. Das hält Frau Schneider nicht davon ab, wieder aufs Rad zu steigen. 1885 gründet sie gemeinsam mit ihrem Mann den Radsportclub R.V. Neisse. Später berichtet sie von den „traurigen Zeiten", vor allem für Radfahrerinnen: „Eine Frau auf dem Rade! [...] höhnische Redensarten, gemeine Schimpfworte, wenn nichts Schlimmeres trafen mein Ohr [...]."

Frau Schneider fährt bis zuletzt Rad. Erst zwei Jahre vor ihrem Tod geht es aus gesundheitlichen Gründen nicht mehr.

Around The World

Schon gewusst?

Weltweit gibt es rund 130 Millionen Fahrräder. Spitzenreiter, was den Besitz von Fahrrädern angeht, sind die Niederlande: Da gibt es mehr Fahrräder als Einwohner*innen. 23 Millionen Fahrräder kommen hier auf 17 Millionen Menschen.

Aber auch Deutschland ist rad-affin. Laut Zweirad-Industrie-Verband (ZIV) ist die Zahl der Fahrräder 2021 auf 81 Millionen angewachsen.

Damit steht zumindest statistisch gesehen jedem*jeder Einwohner*in ein Fahrrad zur Verfügung.

Geschichten hinter dem Lenker

In 30 Tagen von Nürnberg zum Nordkap

Was es war, das mich auf den Weg brachte? Eine Vorstellung vom Eismeer und der unerhörte Gedanke, mit Dingen zu brechen, die zu schnell zu trägen Routinen geworden waren. Studium vorbei, Anstellung an der Uni, dann im öffentlichen Dienst. Aber mein Kopf immer irgendwo da draußen, auf dem Rad unterwegs durch wildes Land.

Ich kündige, lade das Zelt aufs Rad und all meine Hoffnungen auf Abenteuer in einer Welt, in der es eigentlich keine weißen Flecken mehr auf der Landkarte gibt – und fahre los. Von Nürnberg aus will ich, alleine, in dreißig Tagen das Nordkap erreichen. 30 Tage Zeit für 3.400 Kilometer. Pausentage? Keine.

Es ist eine dumme Idee, aber das sind großartige Einfälle meistens. Ich radle immer der Nase nach, nach Norden. Durch deutsches Flachland wie Mittelgebirge, durch Regen und Hagel und Nebel immer nach Norden. In Stralsund Überfahrt nach Trelleborg, Schweden. Durch grünes Land, an roten Holzhäusern und gepflegten Gärten entlang in Südschweden. Alles so geordnet, alles so ordentlich. Immer weiter nach Norden. Bis langsam, mit jedem Kilometer, das Land weiter und wilder wird. Neben der Straße endlose Ebenen aus Unterholz und morastigen Wäldern. Kreuz und quer liegt das Totholz in undurchdringlichem Dickicht – der endlose Wald, den man Schweden nennt, denke ich. Immer weiter nach Norden wird die Landschaft grauer, kahler.

Es ist Mai, aber hier oben ist der Frühling noch weit. Und still wird es. Die Dörfer seltener, die Begegnungen rar.

Ich auf meinem Fahrrad mit mir selbst im Zwiegespräch – oder mit meinen Gedanken. Sehr viel mehr Menschlichkeit gibt es bald nicht mehr. Ein Tag flirrt in den nächsten. Ich radle den ganzen Tag. Wenn ich nicht mehr kann, halte ich an, stelle irgendwo mein Zelt auf – am Wegrand oder an einem verlassenen Campingplatz oder an einem der unzähligen Seen. Essen, schlafen, aufstehen, alles zurück aufs Rad laden. Repeat. Das Leben schrumpft zusammen auf Radfahren, Essen, Schlafen. Mir tut alles weh, aber ich mag es. Und die Einsamkeit. Ich falle zurück auf mich – gänzlich, schmerzhaft. Manchmal habe ich Angst. Das sind die besten Momente. Da bricht die Welt drumherum auf mich ein und ich sitze dabei und kann nichts tun außer zuschauen.

Mehr Mensch bin ich nie gewesen. Irgendwann werden die Bäume knorriger, verkrümmter, kleiner. Eiswind fegt über die Ebene. Ich habe Lappland erreicht und der Wind in meinem Gesicht riecht genauso, wie ich mir das vorgestellt habe, damals daheim an meinem Schreibtisch. Nach gefrorener Erde und alten Träumen. Die Straße führt weiter nach Norden. An Flüssen, aus denen Eisschollen wie Reißzähne staken, vorbei. Es wird immer kälter. Am Schild „Polarkreis“ mache ich ein Selfie mit meinem Rad. Meine Augen sehen müde aus, aber meine Wangen sind rot. Schließlich erreiche ich endlich die Küste.

Die letzte Etappe führt über schroffe Felsen, die wie aus einer Mondlandschaft gefallen scheinen, durch Sturmwind, dann Schneefall. Und dann. Dann erreiche ich nach dreißig Tagen, 3.400 Kilometern, zahllosen Rentierbegegnungen und noch mehr Begegnungen mit mir selbst das Nordkap. Dahinter:

Nur noch das Meer.

Kleine MacGyver-Pannenhilfe für unterwegs

Abenteuerliche Erste-Hilfe-Lösungen für besonders abenteuerliche Touren:

Speiche gebrochen?

Blöd, aber: Eine einzige gebrochene oder gelöste Speiche ist noch kein Weltuntergang. Allerdings sollte die defekte Speiche entfernt oder zumindest fixiert werden. Am besten die gesamte Speiche samt Befestigung herausdrehen. Ansonsten die zerbrochene Speiche um die benachbarten wickeln.

Ersatzschläuche sind aus?

Platten, aber keinen Ersatzschlauch zur Hand? So kommst du bis zur nächsten Werkstatt: Den beschädigten Schlauch an der defekten Stelle auseinander schneiden und die beiden Enden möglichst materialsparend zusammenknoten und vorsichtig wieder in die

Felge setzen. Hält nicht lange, aber (hoffentlich) lange genug bis zur nächsten Reparaturmöglichkeit.

Mantel aufgeschlitzt?

Hebel den Mantel an der defekten Stelle ab und stopfe den Reifen mit allem, was du hast und sich anbietet. Zum Beispiel einem Stück überschüssigem Schlauch, einer Riegelverpackung oder einer Plastikkarte. Pumpe ihn dann wieder auf und rolle vorsichtig zur nächsten Werkstatt.

Kette gerissen?

Auch ohne Ersatzniet lässt sich das Problem zumindest behelfsmäßig beheben: Dank des Multitool-Werkzeugs. Einfach an dem Gliederpaar hinter dem gerissenen Teilstück den Niet soweit heraustreiben, sodass er gerade nicht herausfällt. Dann die betroffenen Glieder entfernen und den Niet wieder hineintreiben. Fertig ist die behelfsmäßige Lösung frei nach Radel-MacGyver!

Freud und Leid

Der Wind

Gegenspieler oder Verbündeter, willkommener Gefährte oder Endgegner. Wind ist beim Fahrradfahren immer ein Faktor. Wahlweise ist er Segen – wenn er einem den Rücken stärkt – oder Fluch – wenn er von vorne kommt. In Böen wirft er uns aus der Spur, lässt uns die Zähne zusammenbeißen und gegen ihn ankeuchen. Gegenwind ist ein grausamer Gegner. Wir kommen nur noch im Schneckentempo voran, egal, wie sehr wir in die Pedale treten. Er zieht uns die Kraft aus den Waden, lässt uns fluchen, manchmal sogar anhalten und aufgeben. Aber: Wenn das nächste Mal der Wind am Lenker reißt und wir kurz vor den Tränen sind, lohnt es, sich daran zu erinnern: Irgendwann dreht jeder Wind. Auch dieser.

Übungen für achtsame Radler*innen

Ich bin hier!

Auf eigene Gefahr! Achte bei dieser Übung darauf, dass du sie risikofrei auf dem Rad ausführen kannst. Suche dir dafür am besten auf deiner Lieblingstour eine wenig befahrene Etappe ohne Autoverkehr.

Fahr einfach mit deinem Rad dorthin, wie du es gewohnt bist. Bündle aber nun deine gesamte Aufmerksamkeit und richte sie auf dein unmittelbares Tun. Stelle dir deinen Fokus dabei ruhig bildlich vor, etwa als Strahl einer Taschenlampe oder Lichtschein einer Fackel:

Spürst du deinen Körper? Schmeckst du den Fahrtwind? Versuche, alle anderen Geräusche auszublenden und dich ganz auf dich und dein Rad und die Einheit, die ihr beide bildet, zu richten. Diese Übung bringt dich ganz in den Moment.

Ich bin eingebettet!

Diese Übung ist gewissermaßen die Umkehrung der ersten, aber mit ähnlich erdendem Effekt. Suche dir dazu auf deiner Lieblingstour eine passende Stelle, etwa eine Bank am Wiesenrand. Setz dich hin, atme mehrmals tief ein und aus und schließe dann beim Ausatmen die Augen. Konzentriere dich nun gänzlich auf deine Umgebung: Hörst du den Wind in den Erlen? Riechst du das Gras? Spürst du die Erde unter deinen Füßen? Anstatt nach innen zu lauschen wendest du deinen Fokus hier auf die Welt um dich, die dich umfängt und hält.

Probier es aus!

Philosophy on Bike

7 Dinge, die uns das Radfahren über das Leben beibringt

1. Wer in Bewegung bleibt, fällt schon mal nicht um. Radfahren ist im Grunde genommen nichts anderes als ein Balanceakt. Ähnlich wie das Leben. Das Geheimnis liegt einerseits darin, in Bewegung zu bleiben und Stillstand zu vermeiden. Denn alles Leben wächst und ändert sich ständig. Aber: Wir müssen auch das Tempo anpassen. Sind wir zu hastig unterwegs, geraten wir ins Schlingern. Mensch sein heißt, auch Pausen machen, einen Gang zurückschalten.

2. Am Anfang helfen Stützräder. Es ist noch kein Radlmeister vom Himmel gefallen. Zum Radfahren wie zum Leben gehören aufgeschürfte Knie und Tränen dazu. Und: Wir dürfen nach Hilfe fragen und Unterstützung annehmen, ganz besonders am Anfang und wenn wir etwas Neues ausprobieren.

3. Rückwärtsfahren ist schwieriger als vorwärts – aus guten Gründen. Schon mal versucht, auf einem Rad rückwärts zu fahren? Genau. Eine Erinnerung an uns, nicht in der Vergangenheit zu leben. Radfahren lässt sich nur vorwärts – leben auch.

4. Wer beim Anstieg an die Abfahrt denkt, ist glücklicher. Das wusste schon Till Eulenspiegel. Die steilste Rampe ist lediglich der Prolog zu einer umso epischeren Abfahrt, beim Radeln wie im Leben.

5. Das Wetter wechselt, der Wind dreht – das Radfahren bleibt. Die Apatheia (altgriechisch „Unempfindlichkeit, Leidenschaftslosigkeit") und Ataraxie („Unerschütterlichkeit") ist in der antiken griechischen Philosophie der Epikureer die Fähigkeit, den Unwägbarkeiten des Lebens mit waschechter Seelenruhe zu begegnen. Radfahren schult diese Tugend und macht uns so auch dem Leben gegenüber resilienter.

6. Manchmal braucht es Mut. Öfter braucht es Klugheit. Radfahren kitzelt uns manchmal zu Recht aus unserer Komfortzone heraus. Etwa wenn wir auf dem Mountainbike endlich unsere Furcht überwinden und die Wurzelpassage in Angriff nehmen. Noch häufiger lehrt uns Radfahren aber Klugheit. Zu wissen nämlich, wenn wir noch nicht so weit sind - bevor wir auf die Nase fallen.

7. Fahrtwind ist Leben. Im Leben gibt es kein Abo auf Rückenwind. Beim Radfahren auch nicht. Und das ist in Ordnung so, das macht das Menschsein ja auch aus. Manchmal müssen wir eben jemanden finden, in dessen Windschatten wir ein Stück fahren können. Oder anhalten und Pause machen. Der Wind dreht früher oder später.

Around The World

Radfahren bringt dich weiter!

1907 gründeten die beiden Kumpels Jim Casey und Claude Ryan die Firma UPS:

Mit ganzen 100 US-Dollar als Startkapital (die auch noch geliehen waren) und einem Fahrrad.

Manchmal braucht es eben nicht mehr als ein paar Dollar und ein Rad für eine Erfolgsgeschichte.

10 Gründe,

warum Radfahren das beste Hobby der Welt ist

1. Radfahren macht gesund.

Laut einer WHO-Studie senkt Radfahren das Herzinfarktrisiko um bis zu fünfzig Prozent und eine dänische Langzeitstudie hat herausgefunden, dass regelmäßiges Radfahren die Lebensspanne um rund vier Jahre verlängern kann. Dazu reicht schon eine tägliche Strecke von etwa vier Kilometern.

2. Radfahren macht schlauer.

Verschiedene Studien zeigen, dass Radfahren das Wachstum des Hippocampus fördert und das räumliche Vorstellungsvermögen sowie die Konzentrationsfähigkeit steigert.

3. Radfahren hilft gegen Stress.

Radeln hat nachgewiesenermaßen positive Auswirkungen auf die Reduzierung von Stress.

4. Radfahren macht glücklich.

Während des Radfahrens werden Endorphine und Serotonin ausgeschüttet, die uns Glücksgefühle verschaffen.

5. Radfahren ist nachhaltig.

Pro gefahrenem Radkilometer werden laut einer Kopenhagener Studie 138 Gramm CO_2 eingespart. In Summe macht das pro Jahr pro Person etwa 350 Kilogramm CO_2-Einsparung aus. Und das ist nur einer von vielen Gründen, warum Radfahren gut für die Umwelt ist.

6. Radfahren hält mobil.

Eine Studie der Friedrich-Alexander-Universität Erlangen-Nürnberg untersucht das Fahrverhalten und die Routine von Senior*innen auf dem Rad. Mit ein wenig Unterstützung, etwa durch Fahrsicherheitstrainings, kann das Fahrrad gerade für ältere Menschen, die nicht mehr Auto fahren wollen oder können, ein echter Mobilitätsgarant sein. Und für die Jungen natürlich sowieso.

7. Radfahren verbindet.

Radfahren ist sozial und findet gemeinsam statt. Ob bei Feierabendtouren in der Gruppe, bei Critical-Mass-Demonstrationen oder bei der Welt(rad)reise zu zweit. Zusammen radelt man weniger alleine. Radeln verbindet Orte - und Menschen.

8. Radfahren macht stärker.

Körperlich, aber auch mental. Wer viel radelt, bekommt nicht nur Waden aus Stahl, sondern auch einen Geist, den so schnell nichts erschüttern kann.

9. Radfahren macht schöner.

Nur zehn Minuten pedalieren wirken sich schon positiv aus und kräftigen Muskeln und Bindegewebe. Wer also schöne, straffe Beine haben will, der steige auf seinen Drahtesel. Gleichzeitig regen die gleichmäßigen Bewegungen den Abtransport von Lymphe und die Durchblutung an. Das beugt etwa Wassereinlagerungen vor und gibt uns diesen speziellen Bike-Shine!

10. Radfahren befreit.

Radeln macht aber noch so viel mehr als schöne Haut und kluge Köpfe. Es macht gesunde Herzen. Wer nach einem stressigen Tag in der Arbeit auf sein Rad steigt und den nächsten Berg hinauffährt, kennt es: Radfahren macht Kopf und Herz frei von Altlasten, Sorgen, Kummer und Ängsten und bringt uns nicht nur wortwörtlich auf Distanz zu unseren Problemen. Wenn der Fahrtwind in den Ohren rauscht und der Freilauf singt, was sind wir da, wenn nicht frei?

Und was ist dein Grund? Mach dich auf den Weg:

Dein Rad und die Welt warten auf dich!

Über die Autorin: Nora Beyer ist zwischen Texten und Radfahren zuhause. Wenn sie nicht gerade auf einem ihrer Räder sitzt und durch die Weltgeschichte fährt – zum Beispiel monatelang quer durch Europa auf den Spuren des Jakobswegs (2015) oder von Nürnberg zum Nordkap in dreißig Tagen (2018) – oder Fahrtechnikkurse für Mountainbiker gibt, schreibt sie als freiberufliche Journalistin für Der Spiegel, Deutschlandfunk Kultur und andere über Gameskultur, werkelt an ihrer Doktorarbeit oder an einem Buch – das hier ist ihr drittes.

Textnachweis: Wir danken allen Autoren bzw. deren Erben, die uns freundlicherweise die Erlaubnis zum Abdruck von Texten erteilt haben.

Bildnachweis: Cover: stock.adobe.com/Svetlana; Innenteil: Schmuckelemente: stock.adobe.com/Svetlana; S. 2: stock.adobe.com/iracosma; S. 4: stock.adobe.com/nikolay92; S. 6, 9, 11, 13, 15, 17, 21, 24/25, 30, 31, 32, 33, 36, 37, 52/53, 54, 58/59, 61, 66/67, 68, 73, 76, 80; 82, 83, 85, 87, 91: Shutterstock.com; S. 18/19, 49, 50: stock.adobe.com/elenabsl; S. 26/27, 40/41: stock.adobe.com/Good Studio; S. 29: stock.adobe.com/Hanna; S. 34/35: stock.adobe.com/Vikky Mir; S. 39: stock.adobe.com/Alisa; S. 44, 45: stock.adobe.com/K3Star; S. 48, 49: stock.adobe.com/Nadya Ustuzhantceva; S. 51: stock.adobe.com/Svetlana; S. 63: stock.adobe.com/Arina; S. 63: stock.adobe.com/Mary Long; S. 64: stock.adobe.com/hugo; S. 75: stock.adobe.com/Igor; S. 78/79: stock.adobe.com/biscotto87; Foto Autorin: Natalia Wrzaszczyk

Cover und Layout: Dipl. Grafik Designerin Doris Wohofsky
Satz: Petra Schmidt Grafik Design

Gesamtherstellung: AZ Druck und Datentechnik GmbH, Kempten

Aus Verantwortung für die Umwelt hat sich die Verlagsgruppe Droemer Knaur zu einer nachhaltigen Buchproduktion verpflichtet. Der bewusste Umgang mit unseren Ressourcen, der Schutz unseres Klimas und der Natur gehören zu unseren obersten Unternehmenszielen.

Gemeinsam mit unseren Partnern und Lieferanten setzen wir uns für eine klimaneutrale Buchproduktion ein, die den Erwerb von Klimazertifikaten zur Kompensation des CO_2-Ausstoßes einschließt.

Weitere Informationen finden Sie unter:
www.klimaneutralerverlag.de

Das Rad des Lebens
GTIN 978-3-8485-0186-1

www.geschenkverlage.de

MIX
Papier aus verantwortungsvollen Quellen
FSC® C008457
www.fsc.org

1 2 3 4 5